Inhalt

Die Wirtschaftskraft deutscher Städte und Regionen 2005 im Vergleich

Kernthesen

Beitrag

Fallbeispiele

Weiterführende Literatur

Impressum

GENIOS WirtschaftsWissen Nr. 06/2005 vom 08.06.2005

Die Wirtschaftskraft deutscher Städte und Regionen 2005 im Vergleich

I.Lukmann

Kernthesen

- Die Wirtschaftskraft deutscher Städte ist für den deutschen Raum von enormer Bedeutung. (9)
- In Zukunft wird die Wirtschaftskraft urbaner Zentren noch weiter zunehmen, wohingegen die Wirtschaftskraft des übrigen Bundesgebietes weiter abnehmen wird. (9), (10), (11)
- Leider fehlt es den Kommunen in vielen Fällen an einer geeigneten Finanzierung. (5),

(12)
- Resümierend lässt sich festhalten, dass die Haushaltsstrukturen ost- und westdeutscher Kommunen noch stark voneinander abweichen. (8), (16)

Beitrag

Während auf Bundesebene intensiv über Einsparungen und Haushaltslöcher diskutiert wird, müssen deutsche Kommunen praktische Lösungen für fehlende Gelder finden.

Entwicklung der Kommunalfinanzen

Die bereinigten Gesamtausgaben ostdeutscher Kommunen lagen 1996 noch bei 20 Prozent und reduzierten sich bis 2002 auf 4,5 Prozent, bedingt durch einen Rückgang der bereinigten Gesamtausgaben von 12 Prozent. Sie liegen jedoch insgesamt über den Gesamtausgaben westdeutscher Kommunen.

Der Personalbereich verzeichnet im Osten ebenfalls einen Rückgang. Jedoch nicht in gleichem Maße wie in Westdeutschland: In ostdeutschen Kommunen gibt man noch etwa 11 Prozent mehr für Personal aus als in den finanzschwachen Westflächenländern. Historisch ist hier eine Tatsache anzumerken: In ostdeutschen Kommunen werden noch viele Kindertagesstätten aus kommunalen Geldern finanziert. (8)

Gründe für den Rückgang der Gesamtausgaben

Etwa 70 Prozent des beschriebenen Rückgangs werden jedoch durch die deutlich gesunkenen investiven Ausgaben sowie die Sachinvestitionen ostdeutscher Kommunen verursacht. (8)

Probleme ostdeutscher Kommunen

Im Vergleich der Jahre 1996 und 2002 sind die Einnahmen der Ostkommunen um 9 Prozent gesunken. Dies wird durch sinkende Zuweisungen von Länderseite erklärt. In westdeutschen Kommunen belaufen sich diese Zuwendungen auf 30 Prozent, wohingegen in ostdeutschen Kommunen der

Anteil der Zuwendungen der Länder an den bereinigten Gesamteinnahmen bei mehr als 58 Prozent liegt. Interessant ist dabei die Tatsache, dass ostdeutsche Kommunen sehr stark von den Zuwendungen der Länder abhängig sind und nur in sehr geringem Maße eigene Steuereinnahmen haben. (8), (16)

Möglichkeiten zum Haushaltsausgleich

Um möglichst ausgeglichene Haushaltspläne erstellen zu können, gibt es verschiedene Möglichkeiten: Erstens, die Auflösung von Rücklagen, die für schlechte Zeiten oder anstehende große Projekte gesammelt worden sind. Zweitens, die Verwendung von Überschüssen der Stadtwerke. Drittens, die Erhöhung der Gewerbesteuerhebesätze oder im schlimmsten Fall die Schließung öffentlicher Einrichtungen. (4)

Fallbeispiele

Die Wirtschaftskraft von Rüsselsheim ist laut CDU-Fraktionschef Klaus Schmitt nach wie vor viel zu stark von Opel abhängig. So beliefen sich die Einnahmen durch die Gewerbesteuer 1990 noch auf 130 Millionen Euro. Diese sind aktuell geschrumpft und gerade noch bei etwa 13 Millionen Euro. Der Grossteil der Gewerbesteuer wird durch Opel eingenommen. (5)

Laut dem German Convention Bureau (GCB) ist Deutschland wegen seiner zentralen Lage, Erreichbarkeit und Modernität seiner Tagungsstätten im europäischen Vergleich auf den vorderen Rängen angesiedelt. In vielen deutschen Städten zeichnet sich eine Tendenz zur Zusammenfassung von Messe- und Kongresszentren ab. So hat beispielsweise Nürnberg seine Faszilitäten in diesem Bereich stark erweitert. Im neuen Congress Center Nürnberg (CNN) sollen künftig 1200 Tagungsgäste Platz haben. Hiermit wird auf das steigende Wachstumspotenzial Nürnbergs reagiert. Auch Stuttgart baut bis 2007 an dem neuen Internationalen Congresszentrum Stuttgart (ICS). Das Zentrum bietet für bis zu 9300 Menschen Platz. Geschäftsführer Ulrich Kromer konstatiert, dass die Wirtschaftskraft und kulturell-touristische Attraktivität von Stuttgart sich um internationale Großkongresse bemühen sollte. (7)

Das brandenburgische Infrastrukturministerium sieht

trotz anhaltend starker Sparzwänge die Sicherung der Mobilität im Lande als besonders wichtig an. Die Haushaltslage zwingt die Entscheider dazu, auch hier Prioritäten zu setzen. Dies führt dazu, dass Verkehrsprojekte an den Wirtschaftszentren respektive zentralen Orten in der Landesplanung umgesetzt werden. So hat danach zum Beispiel die Stadt Schwedt wegen ihrer starken Wirtschaftskraft und besseren Zukunftsperspektiven eine höhere Priorität. Bei den Neubauprojekten ist der Bau der Autobahn 14 von Magdeburg nach Schwerin von zentraler Bedeutung. (12)

Die Stadt Darmstadt rüstet sich für den prognostizierten Zuwachs der städtischen Bevölkerung auf 149.000 Bewohner. Die SPD-Fraktionsvorsitzende Sabine Seidler sieht die wachsende Einwohnerschaft in der Wirtschaftskraft sowie der herausragenden Wirtschaftspolitik Darmstadts begründet. (13)

Am Flughafen Berlin Tegel haben die Passagiere nun erstmals nach vier Jahren wieder die Möglichkeit einer direkten Linienverbindung nach Übersee. Obwohl die Berlin-Region noch weit hinter der Wirtschaftskraft des Rhein-Main-Gebietes liegt, wird hierdurch die Attraktivität des Standortes nach Ansicht der Vereinigung der Unternehmensverbände erhöht. (14)

Der Rhein-Sieg-Kreis hat nach dem Hauptstadtumzug nach Berlin die erwartete Flaute abgewendet. Tatsächlich ist es der Region gelungen, einen wahren Gründungsboom auszulösen. So liegt inzwischen der Rhein-Sieg-Kreis bei der Entwicklung von Infrastruktur und Wirtschaftskraft bundesweit auf den oberen Plätzen. Die wichtigsten Kennzahlen der IHK Bonn/Rhein-Sieg belegen, dass die Exportumsätze der regionalen Unternehmen 2004 um 4,5 Prozent auf ungefähr 2,3 Milliarden Euro gestiegen sind. Die Anzahl der Unternehmensgründungen ist sogar von 5272 Neuanmeldungen in 2003 auf 6596 im Jahr 2004 und damit einem Plus von 25,1 Prozent angestiegen. (15)

Weiterführende Literatur

(1) München ist Deutschlands lebenswerteste Stadt
aus DIE WELT, 12.05.2005, Nr. 109, S. 9

(2) O.V., Städte-Ranking der Wirtschaftswoche, Dresden beste Ost-Stadt bei bundesweitem Vergleich, LVZ/Leipziger-Volkszeitung, 12.05.2005, S. 6
aus DIE WELT, 12.05.2005, Nr. 109, S. 9

(3) IWH-Studie Wirtschaftskraft im Osten schwächer als gedacht
aus Frankfurter Rundschau v. 04.05.2005, S.11,

Ausgabe: S Stadt

(4) Ellen, Paul, Altenburg beschließt Haushalt 2005, Die Stadt ist pleite und keiner bekommt's mit, LVZ/Leipziger-Volkszeitung, 30.04.2005, S. 11
aus Frankfurter Rundschau v. 04.05.2005, S.11, Ausgabe: S Stadt

(5) O.V., Rust nimmt Eschborn als Beispiel - In Bauschheim geht es dem CDU-Kandidat um Wirtschaftskraft / Martin Herkströter zu Gast, Main-Spitze, 30.04.2005
aus Frankfurter Rundschau v. 04.05.2005, S.11, Ausgabe: S Stadt

(6) Umfrage zeigt "Wohlfühl-Gefälle"
aus Frankfurter Allgemeine Zeitung, 28.04.2005, Nr. 98, S. 52

(7) O.V., Harter Wettbewerb auf dem Tagungsmarkt, Deutsche Kapazitäten werden ausgebaut - Stuttgart gehört zu den Top Ten - Trend zur Verschmelzung von Messe- und Kongresszentren, Stuttgarter Zeitung, 20.04.2005
aus Frankfurter Allgemeine Zeitung, 28.04.2005, Nr. 98, S. 52

(8) Öffentliche Infrastruktur und kommunale Finanzen
aus ifo Dresden berichtet, Heft 2/2005, S. 19-32

(9) O.V., Städteranking, Der Osten holt auf, Spiegel

Online, 03.01.2005
aus ifo Dresden berichtet, Heft 2/2005, S. 19-32

(10) Die Hoffnungsträger Die wirtschaftliche Flaute hinterlässt ihre Spuren auch in den großen deutschen Städten. \ Ein Capital-Test zeigt, welche Kommunen gegen den Trend überaus erfolgreich sind. Städtetest Ranking
aus Capital vom 05.01.2005, Seite 14

(11) Hoch und tief
aus Süddeutsche Zeitung, 12.05.2005, Ausgabe Deutschland, S. 1

(12) Dellmann: Niemand wird vom Verkehrsnetz abgehängt
aus Schweriner Volkszeitung vom 09.05.2005, S. 04

(13) 12 000 Wohnungen in 15 Jahren
aus Frankfurter Allgemeine Zeitung, 03.05.2005, Nr. 102, S. 48

(14) Nonstop-Flug von Berlin nach New York
aus DIE WELT, 30.04.2005, Nr. 100, S. 37

(15) O.V., "So sehen Gewinner aus", Kölner Stadtanzeiger, 28.04.2005
aus DIE WELT, 30.04.2005, Nr. 100, S. 37

(16) Rometsch, Jens / Teske, Heidi, LVZ-Vergleich ergibt: Dresden und Chemnitz stehen derzeit wirtschaftlich und sozial besser da, Es regiert der schöne Schein, LVZ/Leipziger-Volkszeitung,

28.04.2005, S. 13
aus DIE WELT, 30.04.2005, Nr. 100, S. 37

Impressum

Die Wirtschaftskraft deutscher Städte und Regionen 2005 im Vergleich

Bibliografische Information der deutschen Nationalbibliothek

Die Deutsche Nationalbibliothek verzeichnet diese Publikation in der deutschen Nationalbibliografie; detaillierte bibliografische Daten sind im Internet über http://dnb.d-nb.de abrufbar.

ISBN: 978-3-7379-1605-9

© 2015 GBI-Genios Deutsche Wirtschaftsdatenbank GmbH, Freischützstraße 96, 81927 München, www.genios.de

Alle Rechte vorbehalten. Dieses Werk ist einschließlich aller seiner Teile – z.B. Texte, Tabellen und Grafiken - urheberrechtlich geschützt. Jede Verwertung außerhalb der Grenzen des Urheberrechtsgesetzes bedarf der vorherigen Zustimmung des Verlags. Dies gilt insbesondere auch für auszugsweise Nachdrucke, fotomechanische

Vervielfältigungen (Fotokopie/Mikroskopie), Übersetzungen, Auswertungen durch Datenbanken oder ähnliche Einrichtungen und die Einspeicherung und Verarbeitung in elektronischen Systemen.